# Die sogenannten

# res communes omnium.

Von

**Dr. Alfred Pernice,**

Geh. Justizrath, ordentl. Professor der Rechte an der Universität Berlin.

**Berlin, 1900.**

Verlag von H. W. Müller.

Sonderabdruck

der Festgabe für Heinrich Dernburg.

Die hergebrachte Lehre von den sog. res communes ominum geht davon aus, daß gewisse 'Sachen' nicht der Herrschaft eines Einzelnen unterworfen werden können; sie sind dem gemeinsamen Gebrauche aller Menschen hingegeben; denn wegen ihrer natürlichen Beschaffenheit ist eine andere Verwendung ausgeschlossen. Hinter dem Gemeingebrauche steht nicht ein Eigenthumsrecht, das unter Umständen von Bedeutung werden könnte; sondern es gilt hier bloß die Rechtsregel, wonach diese Sachen dem Gemeingebrauche bestimmt sind. Die so gearteten 'Sachen' sind die Luft, die Wasserwelle, das Meer und die Meeresufer. Es ist indes zulässig, daß an Theilen dieser Sachen durch Ausscheidung für einen Privaten Eigenthum begründet werde. Sein Recht besteht dann so-lange, als die thatsächliche Abhängigkeit des Stückes erlaubterweise dauert.[1]

## I.

Diese Lehre beruht auf einer Ausführung Marcians in seinen Institutionen.[2] Von diesem Werke sind uns 142 zum Theil ziemlich lange Bruchstücke erhalten, so daß wir im Stande sind, uns eine Vorstellung von seinem Inhalte und seinem Wesen zu machen. Es gab in 16 Büchern eine Uebersicht des römischen Privat- und Staatsrechts in Form eines Kommentars zu den einzelnen Gesetzen. Sicher war es also kein Lehrbuch zur Einführung in das Rechtsstudium, wie die Institutionen des Gaius oder des Florentin. Das anzunehmen verbietet schon der Umfang. Aber auch sonst ist es nicht so geschrieben, als wäre es für diesen Zweck bestimmt. Die Darstellung führt tief in die positiven Einzelheiten hinein;

---

1) Statt Aller Windscheid, Pand. 1 § 146 S. 410.

2) fr. 2 de div. rer. 1, 8: quaedam naturali iure communia sunt omnium, quaedam universitatis, quaedam nullius, pleraque singulorum, quae variis ex causis cuique adquiruntur. et quidam naturali iure omnium communia sunt illa: aer, aqua profluens, et mare, et per hoc litora maris.

sie hält sich dabei vorzugsweise an kaiserliche Verordnungen aller Art, namentlich auch an Mandate; die Erlasse aus severischer Zeit sind begreiflicherweise die zahlreichsten. Alle diese einzelnen Bestimmungen werden nicht unter allgemeinen Gesichtspunkten zusammengefaßt und geordnet, sondern als Regeln, vielfach wörtlich, aneinandergereiht. Daneben aber finden sich allgemeine Erörterungen über Grundbegriffe. Und da greift der Verfasser mehrfach über das Gebiet der positiven Rechtswissenschaft hinaus und knüpft an philosophische Anschauungen an. So wird bei Entwicklung des Rechtsbegriffes ausdrücklich auf Demosthenes und Chrysipp verwiesen.[3] In derselben Richtung liegt es, daß sich Marcian zweimal auf Homer, einmal auf Virgil beruft. Alle drei Belege sind ziemlich gewaltsam herangezogen; sie beweisen im Grunde nichts oder nur das ohnehin Feststehende.[4] Diese Verweisungen sind offenbar auf die 'allgemeine Bildung' der Leser berechnet, die benutzt und gefördert werden soll; die brachte die vornehme Jugend aus den Rhetoren- und Philosophenschulen mit. Auf der anderen Seite enthält das Buch viel Gedächtnißmäßiges, das für die gerichtliche Praxis unmittelbar zu verwerthen ist. Und diese Praxis wird von Marcians Schülern sicher im Sinne des kaiserlichen Hofes gehandhabt werden. Der Vortrag ist überall elegant, hier und da gehoben: das Buch ist, wie mir scheint, besonders rein geschrieben und sorgfältig abgefaßt. Alles das vereinigt sich zu dem Gesammteindrucke, daß das Werk als Lern- und Nachschlagebuch für angehende kaiserliche Verwaltungsbeamte gedacht war. So sollen Quintilians institutiones oratoriae eine Anleitung zur Redekunst sein.[5] Aber manche ihrer Ausführungen sind für Knaben (pueri) zu hoch;[6] sie sind für boni et studiosi iuvenes bestimmt,[7] d. h. für solche, denen

---

3) fr. 2 de leg. 1, 3 (fr. 44 L.).

4) a) fr. 1 § 1 de mcdon. 39, 6 (fr. 141 L.) wird der bekannte Satz von der Todesschenkung: der Schenker will den Beschenkten lieber als den Erben und sich lieber als den Beschenkten (fr. 35 § 2 eod.; Labeo 3, 267 f.) mit der Stelle aus der Odyssee 17, 78 ss. belegt: *εἴ κεν ἐμὲ μνηστῆρες.. λάθρῃ κτείναντες πατρώια πάντα δάσονται, αὐτὸν ἔχοντά σε βούλομ' ἐπαυρέμεν, ἥτινα τῶνδε· εἰ δέ κ' ἐγὼ τούτοισι φόνον καὶ κῆρα φυτεύσω, δὴ τότε μοι χαίροντι φέρειν πρὸς δώματα χαίριον.* Das ist unzweifelhaft ein sehr gebildetes Citat. b) Weniger glücklich ist fr. 65 § 4 de leg. 3 (fr. 121 L.): die Bezugnahme auf Od. 13, 407 sq. um zu beweisen, daß die Schweine Hausthiere sind. c) fr. 6 § 5 de rer. div. 1, 8 (fr. 74 L.) wird auf Virgil verwiesen (gemeint ist Aen. 3, 303 oder 6, 505), um darzuthun, daß das Kenotaphium eine res religiosa sei (Sakralrecht 1, 13. A. 5; SB. d. Ak. 1885 S. 1185).

5) Quintilian inst. praef.

6) inst. 8, 6. 13.

7) eod. 6 pr. § 1; 12, 11. 34.

man Vorkenntnisse und eine gewisse Reife zutrauen kann. Eine Art Aehnlichkeit der Anlage zwischen den Werken Quintilians und Marcians wird sich nicht leugnen lassen: sie liegt namentlich in der Verbindung allgemeiner Erörterungen mit bestimmten praktischen Anweisungen und konkreten Beispielen.

## II.

Zu den allgemeinen Ausführungen Marcians gehört auch die über das Wesen der Sachen, insbesondere der res c. o. Sie ist in Justinians Institutionen aufgenommen worden; sie erschien also zu Lehrzwecken als besonders geeignet. Aber sie ist von den Kompilatoren in den Institutionen und in den Digesten abgeändert: und nicht zu ihrem Vortheile.

Marcian unterscheidet 'gemeinsame Sachen Aller', Sachen einer Gemeinschaft (universitas), herrenlose Sachen (res nullius), Sachen im Eigenthume Einzelner (singulorum). Die Institutionen [8] schieben hinter den res communes o. noch die im Gemeingebrauche stehenden öffentlichen Sachen ein, als eine selbständige Klasse; denn diese sind mit dem quaedam publica gemeint: Beispiele sind Flüsse und Häfen. Dadurch sind diese öffentlichen Sachen vom Staatseigenthume losgelöst und neben ihm verselbständigt. [9] Die Kompilatoren haben in den Digesten etwas Aehnliches durch Verschiebung der Fragmente zu erreichen gesucht: in diesen Anfängen ihres Werkes kann man das ihnen schon zutrauen. Sie haben aber nur Verwirrung gestiftet. Sie lassen den Marcian von den res communes sprechen; dann plötzlich erklärt er: Flüsse und Häfen seien fast alle 'öffentlich' (fr. 4 § 1), und die Kompilatoren fügen aus Gaius bei (fr. 5 pr.), auch die Flußufer stünden im öffentlichen Gebrauche. Darauf wird (fr. 5 § 1) auf Meer- und Seeufer zurückgegangen, und daran schließen sich dann erst die Sachen im Gemeindeeigenthume. Es scheint mir klar, daß Flüsse und Häfen absichtlich vorweggenommen sind, und daß die Darstellung durch Streichungen in ein anderes Licht gerückt ist: man wollte die Staatssachen im Gemeingebrauche den res c. o. mög-

---

8) fr. de rer. div. 2, 1: quaedam enim naturali iure communia sunt omnium, quaedam publica, quaedam universitatis, quaedam nullius, pleraque singulorum, quae variis ex causis cuique adquiruntur.

9) Bemerkt hat man die Aenderung in den Institutionen natürlich längst. Man hat sie durch Konjektur beseitigen wollen: quae eadem publica (Hotmann z. d. St.); oder man hat die Worte für Einschub erklärt: die res publicae seien eben res communes (Noodt, probabilia l. 1, c. 8). Dagegen ausführlich und für eine Verderbniß des Textes Wächtler, opuscula p. 211 sq. (Er will fr. 6 pr. auf Flußufer beziehen.)

lichst annähern; man spielte mit dem Worte publicus, das öffentlich und staatlich bedeuten kann.[10]

Richtig ist vielmehr, daß sich die res c. o. wesentlich von den öffentlichen Sachen im Gemeingebrauche unterscheiden, theoretisch wie praktisch. Die res publicae stehen im Staatseigenthume; sie sind der allgemeinen Benutzung ausdrücklich durch ein Edikt überwiesen (publicatio, dedicatio), oder die Ueberweisung wird fiktiv vorausgesetzt. Das Recht der Benutzung geht eben nur soweit, als die Publikation gestattet; sie ist von der Erfüllung bestimmter Erfordernisse abhängig. Zunächst steht das Recht nur den Bürgern zu; diese werden mit der a. iniuriarum gegen Störung im Gemeingebrauche geschützt; denn durch diese wird geradezu ihre Bürgerstellung und Bürgerehre angetastet. Privatbefugnisse an diesen Sachen sind nur in Form servitutähnlicher Nutzungsrechte denkbar: sind sie durch staatliche Bewilligung oder unvordenkliche Zeit einmal begründet, so sind sie endgiltig für alle Zeit erworben; nur müssen sie in der Ausübung hinter den Bedürfnissen des Gemeingebrauches zurückstehen.[11]

Ganz anders die res c. o. Sie sind, so sagt Marcian, 'nach dem Naturrechte', also nach ihrem Wesen, selbstverständlich für die allgemeine Benutzung bestimmt; sie 'gehören' Allen, nicht bloß den Bürgern, sondern der gesammten Menschheit. Die Freiheit der Benutzung geht soweit, daß wer im Meere oder auf dem Gestade baut, Herr des Bodens wird, also Privateigenthum daran erwirbt. Das Recht dauert aber nur so lange, als die thatsächliche Herrschaft währt; wird das Gebäude zerstört, so fällt Grund und Boden 'wie durch postliminium' in den früheren Zustand zurück und wird wieder okkupationsfähig. Solange aber das Recht besteht, muß es der Gemeingebrauch achten und schonen: Niemand darf gehindert werden, des Fischfangs wegen an die See zu gehen; nur darf der Fischer die Häuser und die Anlagen auf dem Gestade nicht schädigen.

Die Unterschiede zeigen sich fast in jedem einzelnen Punkte. Die Besonderheiten aber liegen bei den res c. o. Hier fällt es auf, daß die Staatsgewalt vollständig ausgeschieden wird, daß eine Rücksicht waltet

---

10) Das hat denn auch seine Früchte getragen. Das Eigenthum des Staates an den öffentlichen Flüssen wird fast durchgängig geleugnet: sie sollen von der Natur zum Gemeingebrauche bestimmt sein (Windscheid, Pand. 1 § 146 S. 412). Daß was den Flüssen recht ist, den Häfen billig sein müßte, wird nicht weiter beachtet. Vgl. übrigens die Anordnung der Fragmente 67 sqq. des Marcian bei Lenel.

11) fr. 15 § 1 de aq. pl. 39, 3; fr. 2 pr. § 10, § 15 sqq. neq. in loc. publ. 43, 8; fr. 5 § 4 quod vi 43, 24; fr. 1 § 23 de aq. pl.; fr. 3 § 4 de aq. cot. 43, 20.

auf alles, was Menschenantlitz trägt, die römischen Rechtsinstituten sonst nicht eigen zu sein pflegt. Die praktische Anwendung der Theorie be-beschränkt sich auf Meer und Gestade; Luft und Wasser treten ganz zurück.

## III.

Woher diese Lehre stamme, wird uns nirgends gesagt; sie wird auf das ius naturale gegründet, und damit erscheint sie als selbstverständlich. Aber diese Begründung weist zugleich deutlich darauf hin, daß die Theorie von den res c. o. mit allgemeinen Anschauungen vom Wesen und Werden der Rechtsordnung zusammenhängt.

Den hier wirksamen Gedanken hat die Naturrechtslehre des 17. und 18. Jahrhunderts klar formulirt. Ursprünglich bestand unter den Menschen allgemeine Gütergemeinschaft, die sog. communio primaeva. Mit dem Wachsen der Menschenzahl, mit dem Zunehmen der Eigensucht und der Ehrsucht entstand das Privatvermögen, zuerst an den beweglichen Sachen, dann auch an Grund und Boden. Die Begründung des Eigenthums erfolgte durch Besitznahme und vertragsmäßige Anerkennung. Die Erde war damit aufgetheilt. Aber Meer, Wasser und Luft sind unvertheilt geblieben: sie widerstreben der Okkupation, auch durch die Völker.[12]

Unsere heutige Pandektenlehre steht allem Anscheine nach unbewußt auf dem Boden des Naturrechts, wie ihr das ja öfter begegnet. Auch ins römische Recht hat man die 'Urgemeinschaft der Dinge' ohne Weiteres hineintragen wollen.[13] Und in der That muß eine ähnliche Auffassung hinter Marcians Theorie stecken.

Es verbinden sich hier anscheinend zwei verschiedene Gedankenreihen, eine mehr volksthümliche und eine gelehrtphilosophische, um als Ergebniß diese Lehre hervorzubringen.

1. Zuerst kommt in Betracht die bei den römischen Schriftstellern der Kaiserzeit allgemein verbreitete Vorstellung von einem goldenen Zeitalter. Saturn hatte den Ackerbau eingeführt und gelehrt; aber noch war

12) So H. Grotius, de iure belli et pacis 2, 2. 2 sqq. (ihm war diese Theorie für sein 'freies Meer' von höchstem Werthe); Noodt (probab. 1, 8) schließt sich ihm an und verwerthet die communio pr. für unsere Lehre, freilich im Einzelnen in sehr fragwürdiger Weise. Pufendorff (ius nat. 4, 4. 8 sq.) will nur eine 'negative Urgemeinschaft' anerkennen. Die Sachen gehören nicht allen, sondern sie gehören keinem; so daß jeder sie gebrauchen, aber keiner für sich beanspruchen kann. Das paßt zu der Vorstellung Marcians vielleicht noch besser.

13) Janus a Costa zu pr. 2, 1 p. 140 sq.: er erklärt die Institutionen einfach aus Grotius.

das Erdreich nicht zu Grundstücken abgegrenzt; die Feldmeßkunst war noch unbekannt; noch gab es nicht Herren und Knechte; jeder nahm die reichlich gedeihenden Früchte, wo er sie fand; die Thiere des Feldes und des Waldes waren gemeinschaftliches Gut.[14] Die neue Zeit — so lautet der Schluß — begrenzte die Aecker, es entstand Eigenthum an Grund und Boden, das feste Land wurde vertheilt.[15] Vom Wasser und vom Meere ist nicht die Rede: es erscheint selbstverständlich, daß sie allen gemeinsam bleiben, wie sie es von jeher gewesen sind. So nehmen die Dichter Luft und Licht, Wasser und Meer als allen gemein in Anspruch.[16] Das wird auch auf die Meeresufer ausgedehnt: den schiffbrüchigen Fremden, den Leichnam nicht auf dem Gestade zu dulden ist Barbarenart, widerspricht Völkersitte und frommem Brauche.[17]

2. Diese offenbar sehr weitverbreitete Phantasie verbindet sich mit der philosophischen Doktrin, mit der stoischen Lehre vom Gesammtstaate der Menschheit. Wie die populäre Vorstellung benutzt wurde, zeigt Seneca.[18] Er schildert den glückseligen Zustand der Frühzeit des Menschengeschlechts im Anschlusse an Verse Virgils; er stellt dem die spätere Herrschaft des Individualismus gegenüber und sucht so für seine stoische Lehre Stimmung zu machen.

## IV.

Diese stoische Lehre ist allem Anscheine nach die eigentliche Quelle der Theorie Marcians gewesen. Er kannte die Staats- und Rechtstheorie der Stoiker; denn er stellt Chrysippus Definition des Rechtsbegriffes an die Spitze seines Werkes: der νόμος ist der natürliche Herrscher der göttlichen und menschlichen Dinge, also die die Natur durchdringende

14) Justin 43, 1. 3sq. (.. ut neque servierit sub illo quisquam, neque quidquam privatae rei habuerit, sed omnia communia et indivisa omnibus fuerint, velut unum cunctis patrimonium); Vergil Georg. 1, 126sqq. (und dazu Servius); 2, 536sq.; Aen. 8, 324sq.; Macrobius 1, 8. 3sq.; Lactantius inst. 5, 5.

15) Ovid met. 1, 135sq.: communemque prius ceu lumina solis et auras cautus humum longo signavit limite mensos; Macrobius 3, 12: ex agrorum divisione inventa sunt iura (?).

16) Ovid met. 6, 350sq.: usus communis aquarumst; nec solem proprium natura nec aera fecit nec tenues undas (die Wasserwelle, die Leto trinken will); Plautus rudens 975 (4, 3. 35): mare quidem commune certum est omnibus (nach Phönikides bei Athenäus 8, 353); Cicero p. Rosc. Am. 72.

17) Vergil Aen. 1, 540; 7, 229.

18) Seneca ep. 90, 34sqq.

Vernunft.[19] Mit dieser Auffassung hängt aufs genaueste die Vorstellung von einem allmenschlichen Gemeinwesen zusammen: in diesem hat die über Zeit, Ort und Volk erhabene unwandelbare Rechtsvernunft (der nomos, die lex) ihr eigentliches Herrschaftsgebiet.[20] Die Menschheit wird durch den ihr innwohnenden natürlichen Trieb geeinigt und in der Vereinigung erhalten. Wie schon das seelenlose Wasser (*ἄψυχον*) zum Wasser drängt, so hängen noch mehr die Herdenthiere an ihres Gleichen; wie da erst die vernunftbegabten Wesen (*λογικὰ ζῷα*)? Der Mensch kann nie vom Menschen lassen.[21] Wenn die Menschengemeinde so aufgefaßt und begründet wird, so ist es klar, daß sie nicht bloß als ein Idealwesen gedacht war. Vielmehr erscheint sie den Stoikern als etwas Wirkliches und Wirksames; sie leiten aus dem rechtlich-sittlichen Zusammenhalte der Menschheit praktische Folgen her. Es werden geradezu zwei 'Staaten' unterschieden: der allgemeinmenschliche und der Bürgerstaat.[22] Der zweite wird grundsätzlich in seiner Daseinsberechtigung anerkannt[23] und die thätige Theilnahme am Staatsleben erfordert.[24] Aber bekanntlich machte man diese den Stoikern als einen Abfall von ihren Prinzipien zum Vorwurfe,[25] und in der That zieht sich der wahre Weise davon zurück.[26] Auf der anderen Seite findet es die Stoa nothwendig die Weibergemeinschaft und, was uns hier besonders angeht, die Gütergemein-

---

19) fr. 2 de leg. 1, 8 (fr. 44): sed et philosophus summae sapientiae Chrysippus sic nicipit libro quem fecit *περὶ νόμου*: *ὁ νόμος πάντων ἐστὶ βασιλεὺς θείων τε καὶ ἀνθρωπίνων πραγμάτων· δεῖ δὲ αὐτὸν προστάτην τε εἶναι τῶν καλῶν καὶ τῶν αἰσχρῶν καὶ ἄρχοντα καὶ ἡγεμόνα καὶ κατὰ τοῦτο κανόνα τε εἶναι δικαίων καὶ ἀδίκων καὶ τῶν φύσει πολιτικῶν ζῴων προστακτικὸν μὲν ὧν ποιητέον, ἀπαγευρετικὸν δὲ ὧν οὐ ποιητέον*; Cicero de leg. 1, 22 sq. (Die Ausführung ist dem Panätius entnommen: Schmekel, Philosophie der mittleren Stoa S. 77 ff., S. 63. J. A. Hildenbrand, Rechts- und Staatsphilosophie 1, 510 ff.

20) So folgert M. Aurel 4, 4: *εἰ τὸ νοερὸν ἡμῖν κοινὸν καὶ ὁ λόγος καθ' ὃν λογικοί ἐσμεν κοινός· εἰ τοῦτο, καὶ ὁ προστακτικὸς τῶν ποιητέων ἢ μὴ κοινός· εἰ τοῦτο, καὶ ὁ νόμος κοινός· εἰ τοῦτο, πολῖταί ἐσμεν· εἰ τοῦτο, πολιτεύματός τινος μετέχομεν· εἰ τοῦτο, ὁ κόσμος ὡσανεὶ πόλις ἐστίν.*

21) Seneca de otio 4, 1: duas respublicas animo complectimur, alteram magnam et vere publicam, qua dii atque homines continentur, in qua ... terminos civitatis nostrae cum sole metimur; alteram cui nos adscripsit condicio nascendi.

22) M. Aurel 9, 9 extr.: *θᾶσσον γοῦν εὕροι τις ἂν γεῶδες μηδενὸς γεώδους προσαπτόμενον, ἤπερ ἄνθρωπον ἀνθρώπου ἀποσχισμένον.* Göppert, Gesammtsachen S. 49 f.

23) Kleander bei Stobäus ecl. 2, 7. 116 p. 94; 11 i p. 103; 11 m p. 111 (w).

24) Laertius Diog. 7, 121: *πολιτεύεσθαι φασὶ τὸν σοφόν, ὃν μήτι κωλύῃ.*

25) Plutarch de repugn. Stoic. 3 sq.

26) Seneca de otio 5, 8; 6, 4; ep. 29, 11.

schaft als folgerichtige Konsequenzen ihres Systems ausdrücklich abzulehnen.[27] Sie sucht die Vereinigung in dem feinen Beispiele vom Theater: alle dürfen im Schauspiele sitzen und zusehen; aber wenn einer mal einen Platz hat, so darf ihn kein anderer verdrängen.[28] So ist's auch mit den Frauen und den Gegenständen des Eigenthums in der Welt.

Im Zusammenhange mit dieser Anschauung und mit der Lehre vom zweifachen Staate findet sich sogar für Sachen, die im Privateigenthume stehen, der Ausdruck publicus, statt communis, und der Gedanke wird dahin zugespitzt, daß die Grundstücke der einzelnen Privaten der gesammten Menschheit gehörten, wie die dem Gemeingebrauche überlassenen Sachen dem Staate.[29] Darum kann das Grundstück von seinem Besitzer nicht usukapirt, d. h. nicht zu freiem Eigenthume gewonnen werden.[30] So ist für alle Sachen, mindestens für alle Grundstücke ausgesprochen, was nach Marcian von den res c. o. gilt: eigentlich ist alles gemeinsam; hat aber einer die Herrschaft über eine Sache so erworben, daß er sie rechtlich ausübt, dann müssen die übrigen zurückstehen, solange die thatsächliche Unterwerfung dauert. Es steckt also dahinter der Gedanke der ursprünglichen Gemeinschaft der Güter: sie wird freilich mehr philosophisch vorausgesetzt, denn als geschichtliche Wahrheit angenommen; aber wegleugnen läßt sie sich nicht.[31]

Unsere Naturrechtslehrer beriefen sich für ihre communio primaeva auf die Bibel.[32] Die Rationalisten des Alterthums konnten sich nicht wohl

27) Die Weibergemeinschaft sollen Zeno und Chrysipp sogar zugelassen haben; Laert. Diog. 7, 28; 33.

28) Cicero de fin. 3, 67: sed quem ad modum theatrum cum commune sit recte tamen dici potest eius esse eum locum, quem quisque occuparit, sic in urbe mundove non adversatur, quo minus suum quidque cuiusque sit; Epiktet diss. 2, 4. 9: *ἄγε, τό δὲ θέατρον οὐκ ἔστι κοινὸν τῶν πάντων; ὅταν οὖν καθίσωσιν, ἐλθὼν, ἂν σοι φανῇ, ἔκβαλέ τινα αὐτῶν.*

29) Seneca ep. 88, 12: publicum est hoc, quod tenes (paternus ager et avitus), quod tuum dicis; publicum est et quidem generis humani.

30) Seneca bezieht sich hier und ep. 79, 6 auf die Rechtsgelehrten: negant iuris consulti quidquam publicum usu capi. Unsere Rechtsbücher sprechen von Sachen, die dem Aerare gehören (fr. 18, fr. 24 § 1 de usurp. 41, 3); aber die Formel war wohl die von Seneca aufgestellte (Gaius fr. 9 eod.).

31) Bei Cicero de off. 1, 21 ist die Sache handgreiflicher: sunt autem privata nulla natura, sed aut vetere occupatione.. aut victoria.. aut lege pactione condiciano sorte: ex quo fit ut ager Arpinas Arpinatium dicatur... similisque est privatarum possessionum discriptio et q. s.; Seneca ep. 90, 3. Man fühlt die populäre Vorstellung des saturnischen Reiches durch.

32) Genesis 1, 28, 30; 9, 22. Es wird den Menschen die Herrschaft über die Erde zugewiesen, erst im Paradiese, dann nach der Sintfluth, also dem Menschengeschlechte als solchem, nämlich allen, die da waren: Grotius 2, 2. 1.

auf die Dichterträume vom goldenen Zeitalter stützen. Sie suchen ihren Gedanken anders zu begründen. Freilich sind die Menschen jetzt vereinzelt. Aber sie stehen noch immer in einem Pflichtverhältnisse zu einander, in einem corpus ex distantibus. Und dies ist ein Rechtsverhältnis: denn es geht vom höchsten 'Gesetze' (nomos) aus.[33] Daher ist es selbstverständlich untersagt, einen Anderen zu eigenem Vortheile zu schädigen, ihm nützliche Dinge zu entziehen.[34] Aber darüber hinaus legt die Gemeinschaft noch positive Verbindlichkeiten auf (beneficentia). Der Mensch soll seinen Nächsten nicht bloß mit Rath und That unterstützen, 'den Irrenden auf den rechten Weg weisen', wie sogar ein attisches Sakralgesetz bestimmte; er soll ihm auch die Dinge, namentlich die Genußmittel gewähren, die dem Anderen nützlich sind und die er ohne Beschwerde entbehren kann.[35] Vor allem muß die Gemeinsamkeit der Güter, welche die Natur zum Gemeingebrauche der Menschen hervorgebracht hat, aufrechterhalten werden, so daß 'den Freunden alles gemein ist'. Das Feuer und das fließende Wasser zu nehmen, darf Niemand verhindert werden.

Diese unzweifelhaft der stoischen Lehre entnommenen Sätze[36] sind für die res communes omnium unmittelbar bedeutsam.

## V.

So werden aus der Annahme einer in sich eng zusammengeschlossenen menschlichen Gesellschaft 'soziale' Pflichten hergeleitet, die mit dem Besitze an Grundstücken und dem Vermögen überhaupt unmittelbar verbunden, ihnen 'immanent' sind. Die Pflichten sind halb sittlicher halb rechtlicher Art: die Philosophie hatte es nicht nöthig scharf zu unterscheiden. Nun gilt es aber dies System mit der positiven römischen Rechtsordnung in Einklang zu bringen. Da bot sich der Weg, daß das Recht des Einzelnen als 'sozialgebundenes', von Rechtspflichten durchzogenes aufgefaßt wurde. Aber er war für die römischen Juristen völlig ungangbar. Denn der Schärfe ihrer privatrechtlichen Auffassung widerstrebte es ein für alle mal eine dingliche Befugniß mit persönlichen Ver-

---

33) Seneca ep. 102, 6: illi enim, per quos ista corpora efficiuntur, iure aut officio cohaerent natura diducti, et singuli sunt.

34) Cicero de off. 3, 22 sqq.

35) Cicero de off. 1, 50 sqq.; 3, 55.

36) Immerhin mag Cicero Worte hinzugethan haben, wie das Citat aus Ennius. Gedanken hat er gewiß nicht eingefügt. Vgl. Seneca de benef. 5, 29, wo die Ertheilung von gutem Rathe, die Erlaubniß zum Feueranzünden und zum Wasserschöpfen gleichfalls als beneficia zusammengestellt werden.

bindlichkeiten unlösbar verknüpft zu denken.[37] Und so bleibt nur der andere Weg, den Marcian wirklich einschlug. Die Sachen, die nach ihrem Wesen und nach allgemeiner Anschauung als solche der Privatherrschaft nicht unterworfen werden können, werden als 'außer Verkehr stehende' angesehen: sie 'gehören' der gesammten Menschheit. Darunter hat Marcian sicher nicht Eigenthum der Menschheit verstanden; denn diese Vorstellung ist juristisch nicht vollziehbar. Aber zu den herrenlosen hat er diese Sachen auch nicht gerechnet; denn von den res nullius werden sie genau unterschieden. Die damit geschaffene Unklarheit wird nicht gehoben durch den Satz: hat sich ein Einzelner ein Stück dieser 'Sachen' zu eigen gemacht, so wäre es widerrechtlich ihm diesen Vortheil wieder zu entziehen.[38] Denn 'in commercio' sind diese Theile auch wieder nicht; die Befugniß an ihnen ist von der thatsächlichen Gewalt abhängig. Man sieht, der Zusammenhang mit der philosophischen Lehre ist nicht glücklich und vollständig gelöst. Darum ist die juristische Konstruktion unsicher und undurchsichtig geblieben.

Eine weitere Schwierigkeit macht die Auswahl der als res c. o. zusammengestellten Sachen.

Es fehlen einige, die man erwarten könnte: Licht und Feuer und die Thiere in ihrer natürlichen Freiheit. Mitaufgezählt ist dagegen das Gestade lediglich als Anhängsel des Meeres. Gerade hier zeigt es sich, wie mir scheint, deutlich, daß der Ursprung der Lehre in der philosophischen Doktrin zu suchen ist.

1. Es ist natürlich bei der Zusammenstellung von Luft und Wasser an die vier Elemente zu denken. Wie sich aus ihnen die Welt aufbaut, so sind sie der menschlichen Herrschaft überhaupt entzogen. Die Erde mußte hier ausscheiden: denn sie ist ja gerade durch Auftheilung ins Privateigenthum der Einzelnen übergegangen. Luft und Wasser sind gemein geblieben; aber das Feuer wird nicht erwähnt. Und gerade für den Römer lag es besonders nahe das Feuer als res c. o. zu bezeichnen. Denn die aquae et ignis interdictio tritt erst dann in ihrer ganzen Bedeutung hervor, wenn man sie betrachtet als das Gebot dem Landsmanne die allergewöhnlichsten, jedem Menschen zu gewährenden Gebrauchsgegenstände zu verweigern. So geschieht es bei Cicero:[39] und

37) Vgl. statt aller Labeo 1, 108 f.

38) Vgl. Cicero de off. 1, 21: ex quo, quia suum cuiusque fit eorum, quae natura fuerant communia, quod cuique optigit, id quisque teneat; de quo siquis sibi appetit, violabit ius humanae societatis. Das wird hier freilich von den Sachen gesagt, die endgiltig ins Privateigenthum übergegangen sind.

39) Cicero de off. 1, 51 sq.

doch, fügt er hinzu, wiegt keine Gemeinschaft schwerer, keine steht dem Herzen näher, als der Staatsverband.[40]

Man kann über das Fehlen des Feuers nur Vermuthungen aussprechen. Der Aether (das Feuer) nimmt unter den Elementen der Stoiker eine besondere Stellung ein. Er wird mit dem Alles durchdringenden und Alles schaffenden Urgeiste, dem Pneuma, gleichgesetzt.[41] So wäre es denkbar, daß man das Feuer überhaupt nicht zu den 'Sachen' rechnen wollte. Es könnten aber auch Gründe mehr praktischer Art eingewirkt haben. Einmal stellt sich das Feuer nicht wie Luft und Wasser als faßbarer und nutzbarer Gegenstand dar, dessen Theile (darauf kommt es Marcian vorzugsweise an) zu Eigenthum erworben werden können: es wird als solches, wie das Licht, das damit gleich ist, nur verwerthet, nicht beherrscht. Und dann ist es ein Ding, das jeder sich selbst herstellen kann:[42] es ist nicht natürlich gebunden und nicht nur in begrenzter Menge vorhanden. Ich würde diese unbestimmten Vermuthungen nicht aussprechen, wenn sich daran nicht eine weitere Erwägung anknüpfte.

2. Es fehlen im Verzeichnisse der res c. o. die Thiere, die sich in ihrer natürlichen Freiheit befinden. Sie sind bekanntlich herrenlos:[43] das einzelne Thier darf von jedermann in Besitz genommen werden. Durch den Fang wird das Eigenthum begründet; aber die rechtliche Herrschaft währt nur solange, als die thatsächliche Herrschaft besteht.[44] Wo das Thier in Besitz genommen wird, ob auf eigenem oder auf fremdem Lande, macht keinen Unterschied. Der Grundbesitzer kann nur dem Jäger den Zutritt versagen.[45] Es ist also klar, daß das Wild genau so behandelt wird, wie die res c. o., wie insbesondere das Wasser. Denn wenn auch das Schöpfen aus dem öffentlichen Gewässer jedem freisteht, so ist doch der Zugang über privaten Grund und Boden nicht ohne weiteres gestattet: es giebt eine eigene Servitut, die das iter zum Flusse über fremdes Land vermittelt.[46] In der That stellt Neratius die Meeresufer mit dem Wilde geradezu auf dieselbe Stufe, und schließt von

---

40) § 57: omnium societatum nulla est gravior, nulla carior, quam ea, quae cum republica est unicuique nostrum. Dieser Satz ist anscheinend Ciceros eigenstes Werk: Schmekel S. 32.

41) Stobaeus Ecl. 1, 1. 29 b p. 37; 10, 16 c p. 129 W.; Diels, elementum S. 37 fg.

42) Seneca nat. quaest. 2, 22. 1.

43) fr. 1 § 1, fr. 3 pr. de ARD. 41. 1.

44) fr. 3 § 2, fr. 5 pr. § 1 sq., fr. 44 eod.

45) fr. 13 § 7 de iniur. 47, 10.

46) fr. 3 § 3 de SPR. 8 3.

der Behandlung des Wildes auf das Rechtsverhältniß an den Ufern.[47] Sonach kann der Ausschluß der ferae bestiae von der Zahl der res c. o. seinen Grund nicht in der Verschiedenheit des Rechtes haben, man muß ihn vielmehr in der philosophischen Theorie suchen.

Die stoische Physik läßt aus dem materiellen Urgeiste durch Verdichtung die vier Elemente hervorgehen.[48] Diese sind eben nur abgewandelte Erscheinungsformen der belebten Materie, also nothwendigerweise Einheitssachen, res unitae. So wird das Wasser als zweifellose Einheitssache hingestellt;[49] und ebenso betrachtet man die Luft, die Himmel und Erde miteinander verbindet, als ein Eines, corpus unitum.[50] Hieraus ergiebt sich aber offensichtlich, daß man die wilden Thiere hier nicht mit nennen durfte. Sie bilden nicht einmal ein corpus ex distantibus; denn das bezeichnende Merkmal an ihnen ist eher die Vereinzelung, als der herdenmäßige Zusammenhalt. Nur da wird von der Stoa eine solche Gesammtsache anerkannt, wo die Stücke durch ihren eigenen Trieb vereinigt werden und bleiben.[51]

3. Gewiß hat es mit der Philosophie nichts zu thun, wenn Meer und Meeresufer als besondere res c. o. hierher gerechnet werden. Daß das Meer frei und allen Menschen zur Benutzung überlassen sei, war eine althergebrachte Anschauung: man konnte sie nicht beseitigen, sondern nur 'civilisiren'. Und so wurde der Satz in die Theorie mit aufgenommen. Denn der stoischen Lehre widersprach es nicht: ihr ist das Meer etwas Einheitliches, das um die Erde ausgegossene Wasser, aus dem Inseln und Festländer hervorragen.[52]

4. Das Meeresufer wird mit einem 'und daher' (per hoc) hinzugefügt. Diese sehr dürftige Begründung kann man nur als genügend ansehen, wenn damit auf eine allgemein zugestandene und anerkannte Thatsache hingewiesen werden soll. Das muß aber die sein, daß das Gestade wie

---

47) fr. 14 de ARD. 41, 1.

48) Schmekel S. 293 f. (Posidonius).

49) Seneca nat. quaest. 2, 7. 2: sed falluntur (die die Luft in Atome zerlegen): nam aquarum quoque similis facilitas est (daß man darin schwimmen kann, wie in der Luft fliegen), nec de unitate illarum dubium est.

50) Seneca, nat. quaest. 2, 2, 4: . . . ad naturam corporis nulla ope externa, sed unitate sua cohaerentis ex hac nota corporum aer est; 3, 21 aer . . . et caelo et terris cohaeret; utrique innatus est. habet autem unitatem quidquid alicuius rei nativa pars est; nihil enim nascitur sine unitate und darauf folgt eine ausführliche Polemik gegen die Atomenlehre.

51) Göppert, Gesammtsachen S. 51 ff.

52) Chrysipp bei Stobaeus ecl. 1, 21. 5 p. 182 W.; Seneca nat. quaest. 3, 14. 3; ad Marc. de consol. 18, 6.

der Meeresgrund[53] zum Meere gehört; das Ufer läßt sich nicht von der See trennen, es ist Bestandtheil oder Pertinenz. Das Ufer reicht bekanntlich soweit als die höchste Fluth geht;[54] bis zu dieser Grenze kann also das Uferland zeitweise wieder Meeresboden werden.

Das ist der philosophische Gedanke Marcians. Wie stehen dazu die anderen Juristen? Und wie weit entspricht ihm das positive Recht der klassischen Zeit?

## VI.

I. Die Luft bezeichnen die Klassiker als 'allen gemein', communis omnium; die Benutzung steht allen frei, omnibus patet. Der Ausdruck res c. o. für sie kommt sonst nirgends vor. Natürlich handelt es sich dabei um den 'Luftkörper' der Stoiker, die einheitliche die Erde umgebende Luftmasse. Praktische Folgerungen ziehen die Juristen aus der 'Gemeinheit' der Luft nicht. Es hätte wohl geschehen können. Einmal wird mit der Freiheit des Meeres die Freiheit des Fischfanges begründet. Man hätte in ähnlicher Weise das Vogelstellen mit der Freiheit der Luft rechtfertigen können. Aber es wird nur auf die Herrenlosigkeit der Vögel verwiesen.[55] Es wäre ferner auch wohl zulässig gewesen die Zugehörigkeit der Luftsäule zum Grundstücke als eine Art von Okkupation des freien Luftraumes durch den Bodeneigenthümer hinzustellen. Die Juristen haben diese Erstreckung des Eigenthumes nie begründet, sondern immer vorausgesetzt.[56] So ist der Satz im Wesentlichen doktrinär geblieben; er hat aber dazu gedient, den Gemeingebrauch am Meere zu veranschaulichen und zu erklären.[57]

---

53) Das deutet freilich nur § 5 de rer. div. 2, 1 an.

54) Cicero top. 32; Celsus fr. 96 pr. de VS.; Jav. fr. 112 eod. (litus publicum).

55) Celsus Coll. 12, 7. 10; Pomp. fr. 9 § 4 fam. erc. 10, 2. In fr. 13 § 7 iniur. 47, 10 könnte man einen solchen Hinweis finden: et quidem mare commune omnium est . . sicuti aer, et est saepissime rescriptum non posse quem piscari prohibere, [sed nec aucupari] nisi quod ingredi agrum prohiberi potest. In der ganzen Ausführung handelt es sich um die Freiheit des Fischfanges im Meere. Der Zugang zum Meere muß gestattet werden. Da ist es sehr wirksam zu sagen: das Meer ist frei wie die Luft. Aber es verwirrt die ganze Gedankenfolge, wenn man den Vogelfang heranzieht und dessen Freigabe durch die Bemerkung abschwächt, daß der Grundeigenthümer sich freilich das Betreten seines Feldes verbitten könne. Wie das prohibere zu geschehen habe, ist bekanntlich unsicher. Ich meine, der ganze Satz ist eingeschoben: er fugt auch nicht mit dem vorangehenden.

56) Venul. fr. 22 § 4 quod vi 43, 24; fr. 8 § 5, fr. 14 § 1 si serv. 8, 5.

57) Celsus fr. 3 § 1 neq. in l. publ. 43, 8; fr. 13 § 7 de iniur. (A. 55).

II. Verwickelter liegen die Verhältnisse beim Wasser. Das ist die Wassersubstanz, die 'Wasserwelle'. Aber Marcian bezeichnet sein Gemeingut ausdrücklich als aqua profluens.[58] Das bedeutet in der juristischen und nichtjuristischen Litteratur, soweit meine Kenntniß reicht, das fließende im Gegensatze zum stehenden Gewässer.[59] Für einen Fall scheint der Ausdruck althergebracht zu sein, bei der Strafe des Vatermörders: er wird gesäckt 'und in den Fluß', in profluentem, geworfen.[60] Das bedeutet in die Tiber; es ist also ein noch engerer Sprachgebrauch. Schwerlich ist Marcians Ausdruck aus dieser alten Formel entlehnt. Cicero spricht ebenfalls von aqua profluens, wo er im Anschlusse an die Stoa auseinandersetzt, daß man dem Mitmenschen Wasser, Feuer und guten Rath gewähren müsse.[61] Gemeint ist als res c. o., wie wir wissen, das auf der Erde 'ausgegossene' Wasser als Einheit gedacht, also das lebendige Wasser aus Flüssen und Quellen, nicht das in Teichen, Weihern und Behältern gesammelte und nicht das Regenwasser. Neben diesem 'Wasser' mußte Marcian das Meer nennen, weil es als Gemeingut einen besonderen Charakter hatte. Er mußte also das übrige Wasser durch eine besondere Bezeichnung davon unterscheiden. Daß er den Ausdruck profluens wählte, ist nicht glücklich, aber erklärlich. Einmal war das Wort schon ähnlich verwendet worden; und dann scheinen die Stoiker das Meer gerade als ein nicht fließendes, sondern nur fluthendes Gewässer aufgefaßt zu haben; es wird vom Winde, aber nicht durch eine Strömung bewegt.[62] Unleugbar geriet Marcian durch die gewählte Bezeichnung dem positiven römischen Rechte gegenüber einigermaßen ins Gedränge.

1. Das in Teichen stehende Gewässer ist nicht Gemeingut. Aber auch das Wasser der Landseen ist nicht aqua profluens. Wenigstens machen die Rechtsbücher keinen Unterschied. Es wird auch nicht gefragt, ob ein Fluß durch den See läuft, ob er einen natürlichen oder künstlichen sichtbaren Abfluß hat, oder nicht, wie der trasimenische See. Die

---

58) Bei diesem Ausdrucke setzt die Kritik Marcians ein, die Ossig (röm. Wasserrecht S. 49 ff.) geübt hat. Sie enthält viele gerechtfertigte Bemerkungen. Nur scheint mir der Schluß bedenklich, daß Marcian etwas schlechthin Unrichtiges vorgetragen habe.

59) Cicero ad Q. fr. 3, 1. 2: multis locis aquam profluentem; Livius 1, 4. 21: pueros in profluentem aquam mitti iubet; fr. 1 § 22 de aq. pl. 39, 3: natura profluentem aquam excipere (vgl. § 20).

60) An d. Herenn. 1, 23 sq.; Cicero de inv. 2, 149; p. Rosc. Am. 70 sq.: in flumen'.

61) Cicero de off. 1, 21.

62) Seneca nat. quaest. 3, 15; cons. ad Marc. 18, 7.

Seen werden also theoretisch mit den Teichen gleichgestellt. Aber sie werden praktisch nicht gleichbehandelt.

Die Seen stehen entweder im Eigentume des Staates[63] oder der Gemeinden[64] oder sie gehören Privatgrundbesitzern.[65] Die Fischerei wird verpachtet;[66] es werden Servituten am See bestellt, wie Schöpf- und Viehtränkegerechtigkeit[67] oder das Ueberfahrtsrecht.[68] Man kann nicht wohl bezweifeln, daß die öffentlichen Seen, wie die öffentlichen Flüsse, zum Tränken und Schwemmen des Viehes benutzt werden durften, um so mehr als hier der Zugang regelmäßig nicht durch Privatländereien versperrt war.[69] Ob dasselbe auch bei den Privatseen galt, z. B. bei dem von der Rutilia Polla angekauften lago di Bracciano, wissen wir nicht. Der Zugang kann auch hier öffentlich sein und das Ufer kann einem Anderen gehören als der See.[70] So ist es wenigstens möglich, wenn nicht wahrscheinlich, daß Marcian durch die von ihm gewählte Bezeichnung das Wasser der Seen zu Unrecht von dem res c. o. ausschloß.

2. Auf der anderen Seite ist es auch nicht ohne Bedenken, die gesammte aqua profluens als Gemeingut in Anspruch zu nehmen.

a) Von den fließenden Gewässern stehen die Quellen (fontes) und die Bäche bekanntlich im Eigenthume der Grundbesitzer. Die Quelle ist pars fundi;[71] der Grundeigenthümer kann ihr Wasser ausschließlich für sich benutzen. Der Nachbar bedarf zur Mitbenutzung einer Servitut, der Wasserschöpfgerechtigkeit.[72] Das wird aber anders, wenn die Quelle so mächtig ist, daß sie als Bach, amnis, weiterströmt, der sog. fons manalis.[73] Hier hat der Oberlieger nicht die Befugniß das Wasser

63) Festus p. 121 (lacus Arvernus und Lucrinus); Servius Georg. 2, 164.

64) fr. 1 § 7 ut in fl. publ. 43, 14.

65) fr. 69 de CE. 18, 1; fr. 4 § 6 de cens. 50, 15.

66) fr. 13 § 7 extr. de iniur. 47, 10.

67) fr. 1 pr. § 1, § 4 de fonte 43, 22.

68) fr. 23 § 1 de SPR. 8, 3.

69) fr. 3 § 3 extr. eod.

70) fr. 69 de CE. c. (lacus Sabatinus); vgl. fr. 24 § 3 de aq. pl. 39, 3; fr. 12 pr. de ARD. 41, 1, nicht wegen der ‚Wogengewalt' (Kappeler, Wasserlauf S. 45), sondern weil der Wasserstand der Seen wechselt: Nissen, ital. Landeskunde 1, 297, II.

71) fr. 11 pr. quod vi 43, 24: portio enim agri videtur aqua viva. ‚aqua viva' ist das Quellwasser im Gegensatze zum gesammelten Regenwasser: fr. 1 § 4 de fonte 43, 22; Seneca nat. quaest. 3, 7. 3; Varro de IL. 5, 123: fons unde funditur e terra aqua viva,

72) fr. 1 § 1 de fonte 43, 22; fr. 3 § 3, fr. 20 § 2 de SPR. 8, 3; fr. 1 § 6 de aq. cot. 43, 20.

73) Festus v. manalis p. 157.

aufzustauen, abzuleiten oder für sich auszuschöpfen. Das gilt nur für Regen- und Tagewasser; aber nicht von dem Fließe. Den Anliegern ist ein unentziehbares Recht auf die Wassernutzung gesichert, wie etwa durch die Uebergabe einer öffentlichen Anlage an den Gemeingebrauch. Und ebenso steht es bei Privatflüssen. Man hat eine thatsächliche Unmöglichkeit des Eigenthums an der fließenden Wassersubstanz behauptet.[74] Aber mit Unrecht. Warum sollte man der verströmenden Wassersäule nicht auf das Nachbargrundstück folgen können? warum sollte man das Wasser nicht für sich behalten?[75] Vielmehr muß man sagen, daß der Grundeigenthümer die Herrschaft rechtlich nur auf seinem Gebiete hat, und daß er sie auch da nur mit Rücksicht auf die Unterlieger ausüben darf.[76] Von Servituten erfahren wir allerdings nichts. Aber das intd. de flumine publico wird beim flumen privatum ausgeschlossen: quia nihil differt a loco privato flumen privatum.[77] Das kann im Zusammenhange nur bedeuten, daß dem Eigenthümer des Flüßchens die gewöhnlichen Schutzmittel zustehen: actio negatoria, int. uti possidetis, allesfalls a. iniuriarum.[78]

b) Die öffentlichen Gewässer, die 'Staatsflüsse', sind dem Gemeingebrauche überlassen zu Fischfang und Schifffahrt, zum Wasserschöpfen und Viehtränken.[79] Aber auch hier ist die gemeine Nutzung nicht unbeschränkt. Denn die Wasserableitung ist nicht schlechthin zulässig.[80]

74) Besonders Kappeler S. 46 f.

75) Dazu ist er sogar berechtigt nach Gesterding, Ausbeute 3, 356 ff.

76) Nach fr. 3 pr. de aq. pl. 39, 3 wäre die Sache ganz klar: si tamen aquam conrivat vel si spurcam quis inmittat, posse eum impediri plerisque placuit. Dieser Satz sagt dem Sinne nach: der unterliegende Grundbesitzer braucht es sich nicht gefallen zu lassen, daß der Oberlieger das Wasser aus verschiedenen Quellen zusammenleitet (conrivare: Seneca nat. quaest. 3, 19. 4) und so in zu starkem Strome oder verunreinigt durch seinen Gewerbebetrieb ihm zuführe: er hat dagegen a. negatoria. Indessen die Worte sind sehr verdächtig durch den Wechsel des Modus und des Subjekts, durch das eingeschobene quis und den Mangel der Angabe eines Rechtsmittels. Denn offenbar ist die Vorfluthsklage hier unzulässig. Der Satz hat schon viele Schwierigkeiten gemacht. Alles das setzt Burckhard-Glück 3, 152 ff. auseinander und sucht durch eine kühne Textänderung zu helfen.

77) fr. 1 § 4, § 10 de flum. 43, 12.

78) Nach unseren Rechtsbüchern läßt es sich nicht mehr feststellen, welchen rechtlichen Einfluß die Heiligkeit der Quellen und der Flußläufe übten (Seneca ep. 41, 3; Preller, röm. Mythologie 2, 136 ff. (Jordan). Der Quellenkultus mit dem daran hängenden Aberglauben dauerte auch in der Kaiserzeit weiter (Tacitus ann. 14, 22 extr.). Daher waren die Bäche wohl mindestens vor Verunreinigung geschützt. Bei den Juristen finden wir darüber nichts (Paulus 5, 4. 13; Labeo 2a, S. 40 A. 5).

79) fr. 5 pr. de rer. div. 1, 8.

80) Die Quellenstellen sind schwierig: ich möchte aber hier nicht auf sie ein-

Das hat seinen Grund darin, daß die Flüsse im Staatseigenthume stehen.[81] Dies wird zu Gunsten der Bürger nur soweit zurückgedrängt, als es der Allgemeinheit nicht schädlich ist.

So sind die Grenzen für die freie Benutzung auch des fließenden Wassers eng genug gezogen. Man sieht, daß Marcians Satz, das Wasser sei Gemeingut, mehr als doktrinär vorgetragen, denn als Prinzip für die praktische Gestaltung der Dinge aufgestellt ist. Man begreift, weshalb die Klassiker die Luft, nicht das Wasser, als Beispiel wählen, wenn sie eine Sache im Gemeingebrauche veranschaulichen wollen.

## VII.

Ein ganz anderes Bild bietet das Meer als res c. o. Daß das Meer frei sei wie die Luft,[82] daher allen Völkern und allen Menschen offen, zugänglich und benutzbar, wird von den römischen Juristen wiederholt ausgesprochen;[83]) es ist die allgemeine Anschauung des Alterthums. Sie wird nirgends begründet: man darf aber vermuthen, daß es ein Satz des ius gentium ist, wie die Freiheit des Seegestades. Natürlich handelt es sich dabei um das Mittelmeer vom Bosporus bis zu den Säulen des Herkules. In der That sind Handel und Schifffahrt auf hoher See frei. Sie trugen schwere Lasten, Finanzzölle aller Art. Sie wurden auch thatsächlich gestört; ein Staat hindert den freien Handel, der ihm unbequem ist, mit Gewalt; er zwingt die Schiffe in den eigenen Hafen einzulaufen und da die Waaren zu löschen, die ihm wünschenswerth sind.[84] Aber Schutzzölle gibt es nicht: der Verkehr ist grundsätzlich unbeschränkt. Wenn Marcian nur diese Freiheit bezeichnen wollte, so hätte er praktisch vollkommen Recht.

Aber anders als mit der Hochsee steht es mit den Meerestheilen, die unmittelbar an das Gebiet der Küstenstaaten anstoßen; sie werden praktisch als zum Staatsgebiete gehörig angesehen, und zwar anscheinend

---

gehen; fr. 10 § 2 de aq. pl. 39, 3; Pomp. fr. 2 de flum. 43, 12 (fr. 793, mit einer kleinen Interpolation, wenn sie nicht weiter reicht, als Lenel annimmt); divi fratres fr. 17 de SPR. (der hier erwähnte Prätor hat mit dem Wasser nichts zu thun; Ubbelohde-Glück 4, 165 A. will non concedere von Verweigerung des Interdikts verstehen: das scheint mir nicht möglich).

81) Diese Auffassung stimmt nicht mit der herrschenden Ansicht; aber sie stimmt mit Dernburg (Pand. 1 § 73 A. 4). Und das ist mir genug.

82) fr. 13 § 7 de iniur. 47, 10.

83) fr. 3 § 1 neq. in l. publ. 43, 8; fr. 13 comm. pr. 8, 4.

84) Ich gehe auf das Einzelne nicht ein: Büchsenschütz, Besitz und Erwerb S. 542 ff.; Marquardt, Staatsverw. 2, 266 ff.

in weiterem Umfange als heutzutage die Küstengewässer. So wissen wir es von Athen,[85] Sinope,[86] Massilia,[87] Karthago.[88] Auf Grund dieser Hoheit war der Staat befugt, die Einfahrt fremder Kriegsschiffe in 'sein' Meer zu verbieten. Der Umfang dieses Gebietes wächst begreiflich mit der Macht des Uferstaates.

Darum bekommt das Mittelmeer ein anderes Aussehen mit der Begründung des römischen Reiches. Nach der Besiegung Karthagos und Makedoniens beherrschen die Römer das Mittelmeer vollständig; sie nennen es das 'ihrige' und üben darüber das imperium;[89] und sogar auf den Ocean, 'soweit er fahrbar ist', wird es ausgedehnt.[90] Praktisch wird dieser Gedanke verwerthet im gabimschen Gesetze: dies giebt dem Pompeius die prokonsularische Gewalt über das gesammte Meer innerhalb der Herkulessäulen und tief ins Festland hinein.[91] So kann man es nicht als bloße Redensart ansehen, wenn der Kaiser öfters als Herr der See und des Landes bezeichnet wird.[92] Für den Beamten, dem die prokonsularische Gewalt im ganzen Reiche zusteht, d. h. die Gewalt des römischen Staates in den Mittelmeerprovinzen, ist der Ausdruck nicht

---

85) Nach Athens Vertrage mit Argos sollen die Athener den Durchzug der Feinde nicht zu Lande gestatten *μηδὲ κατὰ θάλασσαν* (Thukydides 5, 17. 7), d. h. durch ihr Meer.

86) Strabo 4, 5 p. 189: (*ἀκροθίνια*) *ἃ ἔλαβον καταμαχοῦντες ἀεὶ τοὺς ἀμφισβητοῦντας τῆς θαλάττης ἀδίκως.*

87) Strabo 12, 11: *κατασκευασμένη δὲ ναυτικὸν ἐπῆρχε τῆς ἐντὸς Κυανέων θαλάττης*; vgl. Cicero de imp. Cn. Pomp. 54.

88) Bis zum 'Schönen Kap' sollten die römischen Kriegsschiffe nur fahren nach dem Vertrage mit Karthago: Polybius 3, 22, 5; 23, 1 sq.

89) Pomponius Mela 1, 1. 4 (bei ihm ist mare nostrum für das m. inferum geradezu technisch); nostra aequora (1, 2. 1; 5; 15, 2; 2, 6. 9) bezeichnet das ganze Mittel- und das schwarze Meer; Appian praef. 9: *θαλάσσης δὲ πάσης ἡγεμονεύουσι τῆς ἐντὸς οὔσης καὶ νήσων ἁπασῶν.*

90) Dionys 1, 3: *ἡ δὲ Ῥωμαίων πόλις .. πάσης κρατεῖ θαλάσσης οὐ μόνον τῆς ἐντὸς Ἡρακλείων στηλῶν, ἀλλὰ καὶ τῆς Ὠκεανίδιδος, ὅση πλεῖσθαι μὴ ἀδύνατός ἐστιν.*

91) Plut. Pomp. 25, 2: *ἐδίδου γὰρ ἄρχειν ὁ νόμος αὐτῷ τῆς ἐντὸς Ἡρακλείων στηλῶν θαλάσσης, ἠπείρου δὲ πάσης ἐπὶ σταδίους τετρακοσίους ἀπὸ θαλάσσης*; Appian Mithr. 94: *Πομπήιον αἱροῦνται νόμῳ στρατηγὸν αὐτοκράτορα εἶναι θαλάσσης τε ἁπάσης ἣ στηλῶν Ἡρακλείων ἐντός ἐστι καὶ γῆς ἀπὸ θαλάσσης ἐπὶ σταδίους τετρακοσίους ἄνω*; Vell. 2, 31. 2.

92) Philo leg. ad Gaium 21: (Tiberius) *τρία πρὸς τοῖς εἴκοσιν ἔτη γῆς καὶ θαλάττης ἀνηψάμενον τὸ κράτος*; ibid. 2: (*Γάιον*) *παρειληφότα τὴν ἡγεμονίαν πάσης γῆς καὶ θαλάττης ἀστασίαστον* (vgl. § 7). Val. Max. 1, praef.: penes quem hominum deorumque consensus maris et terras regimen esse voluit; Josephus b. Iud. 3, 402: *δεσπότης μὲν γὰρ οὐ μόνον ἐμοῦ σὺ Καῖσαρ, ἀλλὰ καὶ γῆς καὶ θαλάττης καὶ παντὸς ἀνθρώπων γένους.*

übertrieben. Gerade so betrachtet wird es klar, daß die Herrschaft über das Meer eben nur als imperium zu denken ist, nicht als Staatseigenthum: sie ist nur Befehls- und Verbotsgewalt. Daneben kann einmal 1. die Freiheit des Seeverkehrs sehr wohl bestehen. Das Mittelmeer ist dem Verkehre aller anwohnenden Völker vollständig freigegeben: Schifffahrt, Handel und Fischfang sind unbehindert. Man möchte fast vermuthen, daß dieser Satz die Grundlage für die Entwickelung des ius gentium geworden ist. Aber man gieng 2. sogar noch einen Schritt weiter: die im Meere neuentstehende Insel fällt ins Eigenthum dessen, der sie in Besitz nimmt:[93] dabei ist an Private, nicht an einen Staat gedacht. Die Okkupation einzelner Meerestheile durch Privatbauten bewirkt Erwerb des Eigenthums daran, solange der Bau besteht. Auch diese Folgen lassen sich aus der Freiheit der See ableiten.[94] Sie werden aber von den Juristen ausdrücklich damit begründet, daß die Insel und der Meeresboden herrenlose Sachen seien.[95]

So bewährt sich also der Satz, daß das Meer Gemeingut sei in dem Sinne einer negativen Kommunion: es steht Allen offen, aber nicht im Eigenthume Aller. Indes der Satz wird wesentlich eingeschränkt durch die altvölkerrechtliche Anschauung, daß die See auf eine beträchtliche Strecke hinaus zum Staatsgebiete gehöre: hier tritt also eine strengere Herrschaft auf; man kann fast sagen, das Meer in diesem Gebiete wurde in römischer Zeit als 'öffentliche Sache' behandelt.[96] Das gilt begreiflich für alle Küsten des Mittelmeeres und der römischen Provinzen. Schifffahrt und Fischfang werden von unseren Juristen mit dem Zuschauen im Theater, mit dem Ueben auf dem Marsfelde gleichgestellt; wer gehindert wird, hat die a. iniuriarum.[97] Das bedeutet ohne Zweifel, der Einzelne sei in der Ausübung eines Bürgerrechts gehindert und damit in seiner Bürgerehre angegriffen. Der ganze Ehrbegriff bezieht sich nur auf die Bürger: das zeigt die Entwickelung der Bescholtenheit unter dem Ein-

---

93) Gaius fr. 7 § 3 de ARD. 41, 1.

94) fr. 10 de rer. div. 1, 8; fr. 3 § 1 neq. in l. publ. 43, 8.

95) fr. 30 § 4 de ARD. 41, 1; fr. 14 pr. eod. Im Zusammenhange damit erklärt sich auch der oft und z. Th. recht verkehrt behandelte Ausspruch des K. Pius: ich bin zwar der Herr der Welt, aber auf dem Meere herrscht das Gesetz (fr. 9 ad l. Rhod. 14, 2). Den freien Handel auf hoher See kann ich nicht unmittelbar schützen; Strand- und Seeraub sind Verbrechen, aber ich kann sie nicht beseitigen; wendet euch an die Gerichte. Der ganz ungewöhnliche Ausdruck *τοῦ κόσμου κύριος* ist mit einer Art von Selbstironie gebraucht.

96) Vgl. Mommsen, bullettino dell' Ist. di dir. R. 2, 129 s.; Labeo 2 a S. 34.

97) fr. 2 § 9 neq. in l. publ. 43, 8; fr. 13 § 7 de iniur. 101, 10.

flusse des Censors, des Konsuls und des Prätors.[98] So ergibt sich, daß die Fischerei in den Küstengewässern (Hochseefischerei wird nie vorausgesetzt) für die Bürger frei war, aber nicht für Landfremde. Darum kann der Staat auch anders verfahren: die Fischerei im Meere kann auch verpachtet werden. So geschah es in Friesland[99] und wohl auch sonst in den Provinzen. Man könnte die Verpachtung auf die Flußmündungen und die nordischen Haffe beschränken wollen.[100] Aber es kommen schon in griechischer Zeit solche Verpachtungen an Stellen vor, wo von Aestuatorien nicht die Rede sein kann.[101] Unsere Kenntniß reicht nicht aus, um weitere Fragen zu beantworten, namentlich um festzustellen, ob zwischen Italien und den Provinzen ein Unterschied bestand. In betreff des Meeres ist das nicht wahrscheinlich. Aber das ist auch jetzt schon klar, daß man die Küstengewässer nur sehr gezwungen als res c. o. bezeichnen kann.

## VIII.

Daß das Meeresufer 'commune' ist, wird uns außer von Marcian auch sonst bezeugt.[102] Es wird aber auch häufig publicum genannt.[103] Das soll heißen, daß die Küste allgemein zugänglich und benutzbar sein muß, omnibus vacare,[104] von der Seeseite wie vom Lande her. Ausdrücklich wird dabei hervorgehoben, daß dies ein Satz des ius gentium sei.[105] Man kann darunter nur das alte Völkerrecht verstehen; denn unzweifelhaft wirkten hier gerade sakrale Anschauungen und Regeln ein: der Schutz der Schiffbrüchigen und der Friede des an die Küste gespülten Leichnams. Ein subjektives Recht auf die Benutzung des Ufers mit einer Klage hat es auch für den Bürger nicht gegeben.[106]

---

98) Labeo 1, 240 ff.

99) Inschrift im bullett.: deae Hludanae conductores piscatus mancipe Q. Valerio Secundo v. s. l. m.

100) So war es anscheinend in Ephesus mit der *λίμνη ἐκ τοῦ πελάγους ἀναχεομένη* an der Mündung des Kaystros: Strabo 14, 26 p. 642.

101) So in Athen: CIA. 1, 283; Boeckh, Staatshaushalt d. A. 1², 414, und in Byzanz: (Aristoteles) Oecon. 2, 3 p. 1346 b.

102) Servius Aen. 1, 540.

103) Ner. fr. 14, Pomp. fr. 50, Paul. fr. 45 § 1 de ARD. 41, 1; Pap. fr 45 de usurp. 41, 3; usus publicus bei Scaev. fr. 4 neq. in l. publ. 43, 8.

104) fr. 51 de CE. 18, 1 (Paulus).

105) Servius l. c.; Pap. fr. 45 de usurp. c.; Paul. fr. 51 c.; fr. 4 neq. in l. publ. c.

106) fr. 50 extr. de ARD.: nam civilem eum actionem de faciendo nullam habere non dubito. Die Worte sehen freilich sehr kompilatorisch aus. ‚Derselbe' ist

Die 'Freiheit des Ufers' gestattet sogar bekanntlich Stücke des Landes durch Bauten dauernd in Besitz zu nehmen. Daß das Recht am Gebäude und am Untergrunde nur so lange währt, als das Bauwerk steht, darüber ist unter den Klassikern kein Zweifel. Dagegen wird dies Recht, wenn ich mich nicht täusche, in verschiedener Weise aufgefaßt.

1. Die überwiegende Meinung gibt dem Erbauer Eigenthum am Boden und am Gebäude. Neratius setzt ausführlich auseinander: das Ufer sei nicht Staatsdomäne; es sei herrenlos wie das Thier im Walde; daher falle das Eigenthum an den, der Besitz ergreife.[107] Ebenso sagt Pomponius: unser Eigenthum wird, was wir auf dem öffentlichen Strande errichten,[108] und Ulpian erklärt, wer auf dem Strande baue, mache den Boden nach 'ius gentium' sich zu eigen (suum facit).[109] Andererseits bezeichnet Paulus den Strand als res nullius: er werde deshalb ins Ackermaß nicht mit eingerechnet.[110] Aus dieser Auffassung entsteht eine Schwierigkeit für den Fall des Abbruches der Anlage. Damit wird der Bauplatz wieder frei. Widerrufliches Eigenthum ist den Klassikern immer etwas Ungewöhnliches;[111] hier aber doppelt: denn Okkupation schafft sonst endgiltiges Eigenthum. Neratius hilft sich mit der Analogie der wilden Thiere und mit dem postliminium.

2. Daneben findet sich noch eine andere Auffassung. Wer auf dem Strande oder im Meere baut, soll geschützt werden, tuendus est,[112] sagt Ulpian; er erwirbt den Besitz, occupantis solebat esse possessio, sagt Servius.[113] Es handelt sich hier um das auctoritate praetoris possidere, wie beim bon. emptor und dem bon. possessor.[114] Damit ist der Rückfall des Bodens in die Freiheit von selbst gegeben: es bedarf keines konstruktiven Nothbehelfes. Praktisch laufen beide Auffassungen auf dasselbe hinaus; aber in Einem Punkte ist der Unterschied von Bedeutung.

---

der Bauende, wenn man nicht einen bösen Subjektwechsel annehmen will; nam wäre dann nur Anknüpfung. Die a. de faciendo ist stark verdächtig.

107) fr. 14 de ARD. 41, 1.

108) fr. 50 eod.

109) fr. 1 § 18 de ONN. 39, 1.

110) fr. 51 de CE. 18, 1.

111) vgl. Labeo 3, 92 f.

112) fr. 2 § 8 neq. in l. publ. 43, 8. Ulpian spricht freilich in fr. 1 § 18 c. von suum facere. Das ist ein Widerspruch. Entweder erklärt er sich durch die verschiedenen Vorlagen, denen Ulpian folgte, oder er nahm es mit dem suum facere nicht so genau. Das erste ist mir wahrscheinlicher.

113) Servius Aen. 1, 540.

114) Labeo 2 a, S. 420 f.

Der den Seestrand Benutzende darf den Gemeingebrauch nicht hindern und Andere nicht schädigen. Die Sache war einfach, wenn der Bauende nur Besitz erhielt. Der Prätor verweigerte ihm seinen Schutz oder er gab dem Belästigten ein intd. (utile) de loco publico. Aber wie, wenn der Bauende Eigenthum erwarb? Ein Einspruch gegen ein solches Bauwerk war nicht zulässig: operis novi nuntiatio ist hier nicht möglich, weil nicht in loco publico gebaut wird (publici iuris tuendi c.); und nicht sui iuris conservandic; denn der Bauende handelt nicht 'in suo'.[115] Das Ergebniß ist überraschend. Aber es hat nichts auf sich. Denn an diesem Punkte greift die Verwaltung ein: der Bau wird nicht gestattet, wenn daraus für die Gesammtheit oder für Einzelne ein Schade droht. Anders kann man die drei maßgebenden Stellen, wie mir scheint, gar nicht verstehen.[116] Damit aber rückt das Bauen auf dem Ufer dem Bauen auf öffentlichem Grund und Boden sehr nahe. Hier ist zum Beginne der Anlage eine positive Erlaubniß erforderlich.[117]

So ist es nur ein Schritt weiter, den Celsus thut: er 'ist der Meinung' (arbitror), die Küste sei Staatseigenthum (publicum):[118] er verlangt also zum Bauen eine obrigkeitliche Erlaubniß (id concedendum non esse). Natürlich aber erkennt er an, daß das ius gentium den Gemeingebrauch sichert, daß die Erlaubniß nur bei drohendem Schaden verweigert werden kann. Celsus beschränkt seine Meinung auf die Küsten, über die der römische Staat das imperium habe. Ich habe früher angenommen, er wolle damit die Küsten der Provinzen bezeichnen.[119] Und das scheint mir auch jetzt noch dem Ausdrucke am besten zu entsprechen. Man könnte vermuthen, daß der Strand beim solum Italicum ge-

---

115) fr. 1 § 18 de ONN. 39, 1.

116) 1. Pomp. fr. 50 de ARD.: quamvis quod in litoere publico . . exstruxerimus, nostrum fiat, tamen decretum praetoris adhibendum est, ut id facere liceat. Das kann weder heißen: der Eigenthumserwerb ist vom Dekrete abhängig (Burckhard-Glück 1, 142 s.), noch: der Prätor verbietet dem 'Hindernden' die 'Hinderung' (Ubbelohde-Glück 4, 420). Es ist deutlich: es wird eine Bauerlaubniß in der Weise ertheilt, daß die angerufene Obrigkeit nicht widerspricht und dies erklärt. Der Prätor freilich ist interpolirt. — 2. Celsus fr. 3 § 1 neq. in l. publ. 43, 8: sed id concedendum non esse, si deterior litoris marisve usus eo modo futurus sit macht gar den Eindruck einer positiven Gestattung. Und diesen Eindruck vermindert nicht 3. Scaevola fr. 4 eod.: in litus . . aedificare licere, nisi usus publicus impediretur; sonst ists also nicht gestattet.

117) Nerva fr. 3 § 4 quod vi 43, 24; formelle Gesetze S. 25 f.

118) fr. 3 pr. neq. in l. publ. 43, 8.

119) Labeo 1, 263 A. 2. Ich will nur kurz bemerken, daß ich der Unterscheidung einer doppelten Art von Ufern und der Deutung dieser Stelle bei Pampaloni (bullettino dell' Istituto 4, 77 ss.) nicht zu folgen vermag.

wissermaßen dem Meere als dem vetus possessor zugetheilt gedacht wurde, und daß die Ufer der Freistädte in den Provinzen im alten Rechte blieben.

Ueberblickt man alle diese Ausführungen, so wird man sagen müssen, daß der Begriff der vier res communes omnium doktrinär, nicht klar, und mit der positiven Rechtsordnung nicht überall leicht zu vereinbaren ist. Die klassischen Juristen kennen die Zusammenfassung Marcians nicht; sie sind hier, wie sonst, für jeden einzelnen Fall ihren besonderen Weg gegangen.

Lippert & Co. (G. Pätz'sche Buchdr.), Naumburg a S.

FSC
www.fsc.org
MIX
Papier | Fördert gute Waldnutzung
FSC® C083411

Kolibri 360 GmbH
Ferdinand-Jühlke-Straße 7
99095 Erfurt, Deutschland
produktsicherheit@kolibri360.de